# thediaryofsarita

sarita

# thediaryofsarita

Wie ein gebrochenes Herz
ein neues Zuhause fand

sarita

*You can't learn a lesson*
*until you apply it to your life*

*That's why you can understand a lesson*
*and still have to learn it twice*

*Me? I've learned the same lesson*
*more times than I would have liked*

*But the experience was priceless*
*so I had to pay the price*

IN-Q

# Inhalt

*Ein Gefühl von Heimat*

As Elton sang *a dream come true*
I now write these words for you.

And even though I'm not asleep
you are the one I dream to keep.

Lying in your arms, sweet and tender,
my inner guards had no choice,
but to surrender.

As they vanished, they surrendered a key
to a long-locked hidden door,
so you could find and open it once more.

And even though this
might not be a dream come true,
there will never be another
I would want to give my heart to.

*My dream come true*

Nichts fühlt sich mehr nach Heimat an,
als in deinen Armen zu liegen,
während mich deine Worte sanft
in den Schlaf wiegen.

Manchmal hebe ich vor dem Einschlafen
den Kopf und sehe dich lange an,
weil ich mein Glück
immer noch nicht fassen kann.

Und wenn du wieder einmal
mit einem Kissen bewaffnet
neben mir auf dem Sofa sitzt,
ist es unverkennbar; *du und ich*
sind aus demselben Holz geschnitzt.

Bei dir darf ich sein,
wer auch immer ich sein will,
an manchen Tagen laut
und an anderen ganz still.

Wir brauchen nicht immer Worte,
um die Gedanken des anderen zu verstehen,
oftmals reicht es,
uns dafür tief in die Augen zu sehen.

Wir teilen dieselbe Neugier,
wollen am liebsten die ganze Welt entdecken
und ich kann es kaum erwarten,
einen Haufen verrückter Pläne
mit dir auszuhecken.

So könnten wir barfuß
bis ans andere Ende der Welt gehen,
um dort im warmen Sand sitzend,
die Sonne untergehen zu sehen.

Und wenn es uns da gefällt,
könnten wir ganz in der Nähe ein Haus bauen,
von dessen Veranda wir später
auf unser erfülltes Leben zurückschauen.

Die Wände über und über
mit Bildern all unserer Abenteuer tapeziert,
sollen dafür sorgen,
dass keiner von uns je
das Feuer in den Augen verliert.

Ich wünsche mir nichts mehr,
als dass wir den Rest unseres Lebens
miteinander teilen
und nie damit aufhören,
an gemeinsamen Zukunftsplänen zu feilen.

Noch nie war Liebe so harmonisch und leicht,
weshalb ich hoffe,
dass sie für ein ganzes Leben reicht.

*Ein Gefühl von Heimat*

*Märchen ohne Happy End*

Vertrauen ist wie
die *zarteste* aller Blüten,
die nur wächst und gedeiht,
wenn *wir* sie behüten.

Werden wir aber nachlässig
und treten und trampeln darauf,
nehmen wir dadurch entstehenden
Schaden in Kauf.

Hat sie erst einmal
solch gravierenden Schaden erlitten,
lassen sich zerdrückte Blätter
*nicht* einfach wieder kitten.

Während wir also verzweifelt versuchen,
sie zu reanimieren, droht die Gefahr,
sie auf ewig zu verlieren.

Und wenn wir am Ende
ihren *Tod* beklagen,
wünschten wir uns, wir hätten ihr
von Anfang an mehr Sorge getragen.

Dein *Betrug*
gab mir das Gefühl,
ich wäre *nicht wichtig*,
was ich auch tat,
es war *nie richtig*.

Und je mehr *du* heute richtig machst,
umso größer werden die Zweifel,
die du damit in mir entfachst.

Denn bei jedem liebevollen Kuss auf die Stirn
frage ich mich mit Träne in den Augen,
*wo* ist diese Energie vorher hin?

Was geschehen ist, ist geschehen.

*Aber wie soll ich unter der ganzen Last
je wieder aufrecht stehen?*

Warum lädst du sie dir dann
jeden Morgen wieder auf?
Nimmst du dadurch nicht freiwillig
dein Leid in Kauf?

Denkst du nicht,
es wäre längst leichter um dein Herz,
würdest du dich nicht so klammern
an Leid und Schmerz?

*Wie* sollen die quälenden Bilder
je an Wirkung verlieren,
wenn wir sie doch ständig an die Innenwände
unserer Köpfe projizieren?

Dein Klammern ist,
was ihnen Macht verleiht,
denn heilen kann dich nur die Zeit.

*Gespräch mit mir selbst
über Geister der Vergangenheit*

Ich wünschte mir, ich könnte dir
eine Lösung präsentieren,
die für uns beide passt,
aber wenn ich noch länger schweige,
zerbricht mein Herz unter dieser Last.

Nach jedem Rückschlag
versuche ich wieder das Gute zu sehen,
doch scheinen wir nicht
in dieselbe Richtung zu gehen.

Aus deinem Mund klingt jede Lüge
wie ein betörendes Gedicht,
weshalb ich immer noch
zu glauben versuche,
was er mir flüsternd verspricht.

Doch wie bei den Gebrüdern Grimm
scheint auch für unser Märchen
kein *Happy End* vorgesehen,
und ehe ich dem gleichen Schicksal erliege,
werden du und ich *getrennte* Wege gehen.

*Märchen ohne Happy End*

*But we are supposed to be a team,*
deshalb möchtest du auch wissen,
was ich mache und wo ich bin.

Doch wenn ich dich frage, wo du bist,
*wie* kann ich wissen,
ob du auch die *Wahrheit* sprichst?

*But aren't we supposed to be a team?*

Es gibt Tage,
da stößt du mich weg,
an anderen ziehst du mich hin,
weshalb ich nie richtig weiß,
woran ich bei dir bin.

Sosehr ich mich auch bemühe,
lassen mich die bösen Geister nicht mehr los,
dafür ist die Angst in meinem Herzen
einfach viel zu groß.

Deshalb ist es an der Zeit,
mein Schicksal selbst in die Hand zu nehmen,
denn richte ich meines
nicht länger nach deinem Leben.

Und so gewann das Misstrauen
schließlich Oberhand,
als er eines Nachts
für ein paar Minuten
im Bad verschwand.

Als er zurückkam,
war die Missetat vollbracht
und ich blieb schlaflos
für den Rest der Nacht.

Denn die Realität traf mich
wie ein Faustschlag ins Gesicht,
doch wirklich überraschen
konnte sie mich nicht ...

*Von Luftschlössern
und zerplatzten Träumen*

Der Puls rast
und der Körper zittert wie Espenlaub.

*Warum habe ich dir je vertraut?*

Ein Sturm tobt im Innern,
heiß und kalt zugleich.

*Warum habe ich dir nie gereicht?*

Die Haut feucht von Tränen,
die auf den Wangen liegen.

*Warum bist du mir nicht ferngeblieben?*

Das Herz schreit,
doch die Lippen bleiben stumm.

*Warum war ich je so dumm?*

Ich wünschte mir,
ich hätte dir nie vertraut,
dein Süßholzgeraspel
nie geglaubt.

Denn während *ich* fest daran glaubte,
du wärst mein *Happy End*,
gingst *du* mir die ganze Zeit über fremd.

Von Anfang bis Ende betrogen,
war jedes geflüsterte *»ich liebe dich«* gelogen.

~~*Happy*~~ *End*

Mit deinen Lügen
hast du für mich *Luftschlösser* gebaut
und wie vom Klang
deiner Stimme hypnotisiert
habe ich dir jedes Wort davon geglaubt.

Wie eine *Schachfigur*
hast du mich hin und her geschoben
und dabei die Spielregeln
zu deinen Gunsten verbogen.

Und als Dank dafür,
dass ich für dich
mein Herz geöffnet habe,
trägt es nun diese tiefe Narbe.

Die rosa Brille liegt am Boden,
verbogen und zerkratzt,
der Traum vom Glücklichsein
diesmal endgültig zerplatzt.

*Von Luftschlössern*
*und zerplatzten Träumen*

*Ein Herz voller Sehnsucht*

Als die Wellen ein weiteres Mal brachen,
trugen sie die Zukunft hinfort,
von der wir einst so euphorisch sprachen.

*Und mit ihr all meine Hoffnungen und Träume*

Ich träumte davon,
die Wände unseres Hauses mit Bildern
all unserer Abenteuer zu tapezieren,
damit wir nie das Feuer in den Augen
verlieren.

Ich wollte mit dir
bis ans andere Ende der Welt gehen,
um dort im warmen Sand sitzend
den Sonnenuntergang zu sehen.

Ich wünschte mir nichts mehr,
als den Rest meines Lebens mit dir zu teilen
und nie damit aufzuhören,
an gemeinsamen Zukunftsplänen zu feilen.

In meiner Vorstellung
hatte ich dich für immer an meiner Seite gesehen
und hoffte, unseren Kindern
eines Tages beim Spielen zuzusehen.

Doch war unsere Liebe nie harmonisch oder leicht,
denn so sehnlichst ich es mir auch gewünscht hatte,
hat sie dir *nie* gereicht.

*Ein zerbrochenes Zuhause*

Deshalb hattest du auch ständig
etwas an mir auszusetzen,
mit Worten, von denen du *wusstest*,
sie würden mich verletzen.

Nach jedem Streit
gabst du mir die Schuld
an deinem Zorn,
und weil ich dir glaubte,
hätte ich fast den Glauben
an mich selbst verloren.

Viel zu lange habe ich dir zugehört
und versucht all das zu ändern,
was dich an mir stört.

Bis zu jenem Tag,
an dem ich endlich verstanden habe,
dass es *nicht* an mir liegt,
wenn mein Partner nie gelernt hat,
wie man *bedingungslos* liebt.

Und so lässt mich dein *wahres* Gesicht
mit gebrochenem Herzen zurück,
denn brachte mir unsere Geschichte alles
*nur kein Glück.*

Und gerade dann,
wenn der Schmerz in meiner Brust
wieder besonders sticht,
weil es sich anfühlt, als ob mein Herz
in tausend Stücke bricht,
wird mir wieder von neuem klar,
wie *aufrichtig* meine Liebe war.

*Ich hätte dir alles gegeben*

In der Einsamkeit der Nacht
verzehrt es mich nach dir,
denn trage ich neben Zerrissenheit
auch Heimweh in mir.

*Heimweh nach uns*

Beim Anblick unserer Bilder
steht mein Herz fast still
und ich wünschte mir
einen *Zeitumkehrer*,
mit dem ich sie zurückdrehen will.

Doch du hast Dinge
mit mir gemacht,
die hätte ich dir *nie* erlaubt,
also hast du dir das Recht
einfach genommen
und mich damit meines
*beraubt.*

Obwohl ich dies *nie* wollte,
musste ich am Ende
genau jenen Menschen
mit anderen teilen,
den ich eigentlich *nicht*
teilen sollte.

*Aber diese Entscheidung lag nie bei mir*

Deshalb ist es an der Zeit,
auch den letzten Funken
Hoffnung zu *begraben*,
denn soll mein Herz diese Last
nicht *noch länger* tragen.

*Es ist Zeit loszulassen*

Während mich immer noch
Nacht für Nacht
ein neuer Albtraum plagt,
bist du längst wieder auf der Jagd.

Und so kann es sein,
dass du gerade in diesem Augenblick
bei der Nächsten deine Fäden ziehst
und ihr wenigstens für eine kurze Zeit
jeden Wunsch von den Lippen abliest.

Und zwar so lange,
bis auch sie dir gänzlich verfällt
und du hinter ihrem Rücken
tun und lassen kannst,
was dir gefällt.

Doch auch sie wird eines Tages feststellen,
wie leer deine Worte sind
und dass das Bild deiner guten Qualitäten
nicht der Realität,
sondern ihrer Fantasie entspringt.

*Dann wird auch sie eine von uns sein*

*Ein neues Zuhause*

Bekommt man über Jahre
nur *Krümel* serviert,
folgt irgendwann der Tag,
an dem man sich
in seinem Hunger verliert.

Weil man sich so daran gewöhnt,
an nichts anderes erinnern kann,
sieht man dies mit der Zeit
als *Festmahl* an.

Innerlich verkümmert man
aber immer mehr,
denn sind die Worte
wie die Hand, die einen füttert,
meistens *leer*.

*Hunger nach Aufmerksamkeit*

Unsere Geschichte
war die härteste *Lektion*,
die ich je lernen musste,
weil sie mir Dinge aufzeigte,
die ich tief im Inneren
eigentlich längst wusste.

So mag es für manche Ohren
komisch klingen, wenn ich sage,
du kamst als *Heiler* in mein Leben,
doch hat mir unsere Begegnung
nicht bloß Kummer,
sondern auch neues Verständnis
für mich selbst gegeben.

Dank dir habe ich nun die Gelegenheit,
tief in mich *hineinzusehen*,
und mich so davor zu *bewahren*,
in der Zukunft wieder
die gleichen Fehler zu begehen.

Ich erinnere mich an eine Zeit,
da war Stille für mich kaum zu ertragen,
denn füllte sich diese jedes Mal
mit tausenden von Fragen.

Je lauter sie wurden,
umso mehr brachten sie mich
in ihre Gewalt,
und so stolperte ich hin und her,
ohne Orientierung oder Halt.

Doch seitdem die Wahrheit
kein Geheimnis mehr ist
und ich akzeptiert habe,
wer du hinter der Maske *wirklich* bist,

ist es in meinen vier Wänden
ungewöhnlich still,
als hätte ich endlich *verstanden*,
was meine Intuition
mir schon *so lange* sagen will.

Als ich dich kennenlernte,
trug ich eine dichte Mauer um mein Herz,
denn wollte ich es schützen
vor weiterem Schaden und Schmerz.

Doch je mehr die Liebe zu dir wuchs,
und umso stärker ich dir vertraute,
verstummten auch die inneren Wächter,
während sich die Mauer langsam abbaute.

Du nahmst mir alte Ängste, umgabst mich
mit einem Gefühl von Sicherheit
und fülltest mein Herz mit Wärme
anstelle von Einsamkeit.

Doch brachte die Abwesenheit der Mauer
auch eine gewisse Gefahr mit sich,
denn war ich ohne ihren Schutz
zum ersten Mal seit Jahren
wieder richtig verletzlich.

In tiefem Vertrauen
hatte ich mich dieser Gefahr ausgesetzt
und so wurde am Ende nicht nur mein Herz,
sondern auch meine Würde
und Selbstachtung verletzt.

Für meine Illusionen
trage ich aber selbst die Schuld,
denn bat ich, so stark an ihnen hängend,
meine schreiende Intuition
ständig um noch *etwas mehr* Geduld.

Hier und heute verspreche ich mir,
meine *innere* Stimme
nie wieder zu ignorieren,
um mich kein weiteres Mal
in meinen Wunschbildern zu verlieren.

Daher werde ich meine Schutzmauer
vorerst erneut errichten
und sie diesmal durch weitere
Maßnahmen verdichten.

Damit sie in Zukunft
niemand durchdringen kann
außer ein aufrichtiger und loyaler Mann.

*Ein Versprechen an mich selbst*

Ich brauche keine Worte,
um mein Innerstes zu hören
oder zu verstehen,
dafür genügt allein der Mut,
filterlos in mich hineinzusehen.

Doch der Blick ins Innere
ist alles andere als leicht,
weil der Schmerz, der dort sitzt,
schon so viele Jahre zurückreicht.

Aber auch er ist ein Teil von mir.
Anstatt ihn zu behandeln
wie einen Tatverdächtigen im Verhör,
begegne ich ihm ab jetzt
mit mehr Verständnis
und verschaffe ihm dadurch Gehör.

*Akzeptanz*

Es tut mir leid,
dass ich dir in schwierigen Zeiten
zu wenig Sorge trage
und dir durch mein Verhalten nicht helfe,
sondern noch zusätzlich schade.

Es tut mir leid,
dass ich oft auf deine Kosten lebe
und anderen die für dich
bestimmte Liebe gebe.

Es tut mir leid,
dass ich dir noch mehr Ballast aufbürde,
sogar auf Kosten deiner Würde.

Es tut mir leid,
dass ich dazu neige, dich zu hintergehen,
weil es mir manchmal schwerfällt,
deinen Wert zu sehen.

Es tut mir leid,
musste es so weit kommen,
denn hat dir mein Verhalten
*nichts* gegeben, aber so viel *genommen*.

*Eine Entschuldigung an mich selbst*

Von nun an
werde ich für mich da sein
wie noch nie zuvor,
ohne Urteil und stets mit offenem Ohr.

*Endlich* fühlt es sich so an,
als dürfte ich in meiner Gegenwart sein,
wer auch immer ich sein will,
an manchen Tagen laut
und an anderen ganz still.

Ja, die *Liebe zu mir selbst*
ist nicht immer harmonisch oder leicht,
und doch ist es jene Liebe,
die für ein *ganzes* Leben reicht.

*Ein neues Zuhause*

Mit geschlossenen Augen dasitzend,
umringt von Kerzenschein,
fühle ich mich nach so vielen Jahren
*erstmals* nicht allein.

Noch nie zuvor war ich mir selbst so nah,
als wäre ich gerade zum ersten Mal
*wirklich* für mich da.

Ein sanftes Lächeln umspielt mein Gesicht,
denn spüre ich deutlich,
das Loch in meiner Brust
füllt sich nach und nach mit Licht.

Und je länger ich hier sitze, im Kerzenschein,
umso mehr wird mir bewusst,
solange ich *mich* habe,
bin ich *nie allein*.

Heute fühle ich mich
wie aus einem langen Schlaf erwacht
und spüre deutlich,
wie sich die *Lebensenergie*
von neuem entfacht.

Ein Gefühl der Erleichterung setzt ein,
als dürfte mein *Herz*
nach jahrelangem Hin und Her
nun endlich wieder *frei sein*.

*Bereit für einen Neuanfang*